Mein Timmy das Schäfchen Kochbuch

Bath · New York · Singapore · Hong Kong · Cologne · Delhi
Melbourne · Amsterdam · Johannesburg · Shenzhen

Impressum

© and TM Aardman Animations Limited 2013 'Timmy Time' (word mark) and character 'Timmy' are trademarks used under licence from Aardman Animations Limited

The Aardman name and logo are trademarks of Aardman Animations Ltd. All rights reserved.

Lizenz durch SUPER RTL.
Super RTL® RTL Group Deutschland Markenverwaltungs GmbH, 2008
TOGGOLINO® RTL DISNEY Fernsehen
GmbH & Co. KG, 2000

Erscheint bei:
Parragon Books Ltd
Chartist House
15-17 Trim Street
Bath, BA1 1HA, UK
www.parragon.com

ISBN 978-1-4723-0710-1

Printed in China

Alle Rechte vorbehalten. Die vollständige oder auszugsweise Speicherung, Vervielfältigung oder Übertragung des Werkes, ob elektronisch, mechanisch, durch Fotokopie oder Aufzeichnung, ist ohne vorherige Genehmigung des Rechteinhabers urheberrechtlich untersagt.

Fotograf: Clive Streeter, Mike Cooper
Foodstylist: Angela Drake, Lincoln Jefferson
Casting: Nancy Mcdougall
Design: ForTeam, Köln, Susanne Widera
Deutsche Produktion: Fohrmann Consulting

Hinweise
Sofern die Schale von Zitrusfrüchten benötigt wird, verwenden Sie unbedingt unbehandelte Früchte.
Sind Zutatenmengen in Löffeln angegeben, ist immer ein gestrichener Löffel gemeint: Ein Teelöffel entspricht 5 ml, ein Esslöffel 15 ml.
Es sollte stets frisch gemahlener schwarzer Pfeffer verwendet werden.
Einige Rezepte enthalten Nüsse. Allergiker sollten bei Rezepten, in denen Nüsse verarbeitet werden, die Nüsse weglassen.
Bei Eiern und einzelnen Gemüsesorten, z.B. Kartoffeln, verwenden Sie mittelgroße Exemplare. Kleinkinder, ältere Menschen, Schwangere, Rekonvaleszenten und gesundheitlich beeinträchtigte Personen sollten Rezepte mit rohen oder nur leicht gegarten Eiern meiden.
Die angegebenen Gar- und Zubereitungszeiten können von den tatsächlichen leicht abweichen, da je nach Zubereitungsart und Herdtyp Schwankungen eintreten.

Inhalt

Kochen und Backen mit Timmy	4
Kochgeräte	6
Obst zum Trinken	8
Henriettes Haferbrei	12
Ralfis Knuspermüsli	16
Pfannküchlein	20
Festtags-Frühstück	24
Timmy Burger	28
Popcorn-Party	32
Zimttoast mit Rosinenzauber	36
Tolle Teigtaschen	40
Kürbissuppe	44
Leckere Lachsbällchen	48
Hähnchenspieß mit Nudeln	52
Fleischbällchen mit Spaghetti	56
Gruß aus Mexiko	60
Jules Erdbeertraum	64
Turm aus Eis	68
Apfeltörtchen	72
Pralinen-Muffins	76
Nützliche Koch- und Backtipps	80

Kochen und Backen mit Timmy und seinen Freunden

Im Kindergarten bringen Henriette und Eduard den Kindergartentieren auch das Kochen bei. Das macht tierisch viel Spaß. Du bist herzlich eingeladen, die leckeren Rezepte auszuprobieren.

Nützliche Hinweise

Um Dir den Schwierigkeitsgrad zu zeigen, hat Eduard die Rezepte mit Sternchen bewertet:

✱ = einfach

✱✱ = mittelschwer

✱✱✱ = etwas schwieriger

Am Anfang jedes Rezeptes findest Du Symbole, die Dir nützliche Informationen geben:

= Portionen

= Zubereitungszeit

= Kochzeit/Backzeit

Sicher kochen und backen!

Wenn Du dieses Symbol siehst, dann solltest Du einen Erwachsenen um Hilfe bitten. Also immer dann, wenn Du am heißen Backofen, mit elektrischen Geräten, mit scharfen Messern oder der Schere arbeitest.

Tipps vom Kochprofi

Eduard und Henriette verraten Dir viele nützliche Tipps rund ums Kochen und über gesunde Ernährung!

Bevor Du kochst

Vor dem Kochen gibt es einige Dinge, die Du beachten solltest:
- Lese zunächst das Rezept und stelle Dir alle Zutaten bereit. Auch die nötigen Küchengeräte sollten einsatzbereit sein.
- Wasche Deine Hände und binde lange Haare zusammen.
- Eine Schürze hält Deine Anziehsachen sauber.
- Halte Dich möglichst genau an die Mengenangaben, damit das Rezept auch gelingt.

Vorsicht beim Kochen und Backen

- Frage bitte immer erst einen Erwachsenen, bevor Du mit dem Kochen oder Backen beginnst. Auch dann, wenn Du mit elektrischen Geräten oder scharfen Gegenständen arbeitest.
- Benutze stets Topflappen, wenn Du etwas Heißes anfassen musst.
- Wenn Du etwas in einer Schüssel oder in einem Topf rührst, solltest Du darauf achten, dass das Gefäß fest auf dem Tisch oder Herd steht.
- Achte darauf, dass der Boden in der Küche trocken und sauber ist, damit Du nicht ausrutschen kannst.
- Laufe niemals mit einem Messer in der Hand durch die Küche.
- Denke daran, den Herd oder Backofen auszustellen, wenn Du fertig bist.

Sauberkeit in der Küche

- Wasche immer Deine Hände, wenn Du rohes Fleisch oder Fisch angefasst hast. Benutze unterschiedliche Brettchen für Fleisch und Gemüse.
- Deine hübsche Timmy Schürze, die Du mit diesem Buch bekommen hast, schützt Deine Kleidung beim Kochen und Backen.
- Reinige die Arbeitsflächen, nachdem Du sie benutzt hast.

Kochgeräte

Hier siehst Du auf einen Blick, wie die Koch- und Backgeräte, die Du für die Rezepte brauchst, aussehen und heißen:

1. Stieltöpfe
2. Durchschlag
3. Backform
4. Muffinblech
5. Backblech
6. Rührschüssel
7. Sieb
8. Messbecher
9. Zitronenpresse
10. Nudelholz
11. Topflappen
12. Kuchengitter

1. Standmixer
2. Küchenwaage
3. Küchenmaschine
4. Reibe
5. Zange
6. Handmixer
7. Rührstäbe
8. Gefrierbox
9. Pürierstab
10. Schneebesen

1. Messlöffel
2. Backpinsel
3. Mehlsieb
4. Teigschaber
5. Schaumlöffel
6. Pfannenwender
7. Schere
8. Scharfe Messer
9. Knoblauchpresse
10. Schneidebrett
11. Ausstechform
12. Sparschäler
13. Holzspieße
14. Holzlöffel
15. Holzspachtel

Obst zum Trinken

Kann man Obst trinken?
Na klar, auf der nächsten Seite
wird das Geheimnis gelüftet.
Viel Spaß beim Shaken.

Tipp vom Kochprofi:
„Shaken" kommt aus dem Englischen
und heißt so viel wie „schütteln".
Ein Milchshake ist also ein Getränk,
das kräftig geschüttelt wurde.

Ergibt:
4 Portionen

Zubereitungszeit:
10 Minuten

Ohne Kochen!

Welche Note vergibst Du?

10 = bombastisch lecker
9 = superduperlecker
8 = superlecker
7 = sehr lecker
6 = lecker
5 = Mmmmmmm!
4 = gut
3 = ganz gut
2 = weniger gut
1 = mag ich nicht so gern

Obst zum Trinken

Zutaten

Ananasshake

- 1 mittelgroße Ananas
- 5 Orangen, halbiert

Bananenshake

- 1 große, reife Mango
- 4 Bananen, geschält und in Scheiben geschnitten
- 400 ml Naturjoghurt
- 400 ml Kokosmilch

Kochgeräte

- scharfes Messer
- Schneidebrett
- elektrischer Entsafter oder Mixer
- Rührschüssel
- großer Saftkrug
- Dessertlöffel
- Eisbecher zum Servieren

1.

🐾 Von der Ananas den unteren und oberen Teil abschneiden. Dann der Länge nach halbieren und noch einmal durchschneiden. Von den Vierteln vorsichtig die Schale abschneiden und in der Mitte den harten Strunk.

1.

🐾 Für den Bananenshake die Mango aufschneiden und dann das Fruchtfleisch um den Stein in der Mitte herausschaben.

2.

2.

🐾 Die Ananas im elektrischen Mixer oder Entsafter zu Saft verarbeiten.

3.

Die Orangen auspressen und mit dem Ananassaft in eine Saftkanne gießen. Fertig ist Dein Ananasshake.

🐾 Die Bananen in Stückchen schneiden und in den elektrischen Entsafter oder Mixer geben. Mango, Joghurt und Kokosmilch dazumischen und zerkleinern lassen.

3.

Das Obst sollte wie ein sehr flüssiger Brei sein, damit man den Shake gut trinken kann. Fülle alles in vier Gläser und serviere Deine Milchshakes mit Früchten dekoriert.

Henriettes Haferbrei

Henriettes Haferbrei hat gut lachen, denn Timmy und seine Freunde mögen ihn ganz besonders gern.

Tipp vom Kochprofi:
Falls der Haferbrei angebrannt ist, kannst Du ihn in einen anderen Topf umschütten. Achte darauf, dass Du den verbrannten Bodensatz zurücklässt. Dann einfach weiterkochen lassen.

Ergibt:
4 Portionen

Zubereitungszeit:
15 Minuten

Kochzeit:
15 Minuten

Welche Note vergibst Du?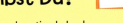

10 = bombastisch lecker
9 = superduperlecker
8 = superlecker
7 = sehr lecker
6 = lecker
5 = Mmmmmmm!
4 = gut
3 = ganz gut
2 = weniger gut
1 = mag ich nicht so gern

Henriettes Haferbrei

Zutaten

200 g   Haferflocken
800 ml Milch
800 ml Wasser
8   Pekannüsse oder andere Nüsse zum Verzieren

Apfelzimt-Püree:

4   Äpfel
1 TL   Zitronensaft
175 ml   Wasser
1/2–1 TL Zimtpulver

Kochgeräte

- Sparschäler
- scharfes Messer
- Schneidebrett
- Gabel
- kleiner und großer Topf mit Deckel
- großer Löffel

1.

Für das Püree die Äpfel mit dem Sparschäler schälen. Dann die Äpfel vierteln. Das Gehäuse herausschneiden und in kleine Stückchen schnippeln.

2.

Apfelstückchen, Zitronensaft, Wasser und Zimt in einen kleinen Topf geben. Zugedeckt 15 Minuten simmern, also nicht richtig kochen lassen. Die Äpfel sollen ganz weich werden.

3.

Während die Äpfel kochen, kannst Du die Haferflocken zusammen mit dem Wasser und der Milch im großen Topf zum Kochen bringen.

4.

Wenn der Haferbrei kocht, die Hitze herunterschalten. Den Deckel schräg auf den Topf setzen und 8 Minuten lang auf dem Herd lassen. Ab und zu umrühren.

5.

Die Äpfel mit einer Gabel zu Brei drücken. Den Haferbrei mit einem Löffel auf 4 kleine Schalen verteilen. Jede Portion mit einem Klecks Apfelzimt-Püree krönen. Jetzt noch eine Nuss oben draufsetzen und mit dem Ahornsirup verzieren. So kannst Du auch ein lustiges Gesicht malen oder ein anderes Bild.

Ralfis Knuspermüsli

Knusper, knusper, Knäuschen,
wer knuspert im
Kindergartenhäuschen?
Das ist Ralfi, der sein Knuspermüsli isst.

Tipp vom Kochprofi:
Nüsse sind sehr gesund. Sie helfen Dir dabei,
Dich besser zu konzentrieren, schneller zu reagieren,
und erhöhen das Denkvermögen.

Ergibt:
10 Portionen

 Zubereitungszeit:
15 Minuten

 Kochzeit:
25 Minuten

Welche Note vergibst Du?

10 = bombastisch lecker
9 = superduperlecker
8 = superlecker
7 = sehr lecker
6 = lecker
5 = Mmmmmm!
4 = gut
3 = ganz gut
2 = weniger gut
1 = mag ich nicht so gern

Zutaten

65 g	geschälte Mandeln
200 g	Haferflocken
55 g	Sesam
55 g	Sonnenblumenkerne
40 g	Kürbiskerne
3 EL	Sonnenblumenöl
8 EL	durchsichtiger Honig
65 g	geschälte Walnüsse, grob zerkleinert
100 g	Rosinen

Zum Servieren

Anrichten kannst Du das Müsli mit Deinen Lieblingsfrüchten wie zum Beispiel Himbeeren oder Erdbeeren, aber auch Bananen oder Nektarinen. Dazu Milch oder Naturjoghurt.

Kochgeräte

- große Rührschüssel
- Holzlöffel
- kleiner Topf
- 2 Backbleche

1. Den Ofen auf 140° C oder Gas Stufe 1 vorheizen. Die Mandeln, Haferflocken und Samen in einer großen Schüssel mischen.

4. Die Mischung auf die beiden Backbleche verteilen und 15 Minuten im Ofen backen. Erst danach die Walnüsse dazugeben.

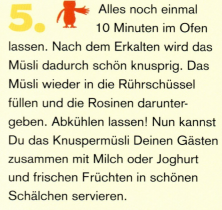

5. Alles noch einmal 10 Minuten im Ofen lassen. Nach dem Erkalten wird das Müsli dadurch schön knusprig. Das Müsli wieder in die Rührschüssel füllen und die Rosinen daruntergeben. Abkühlen lassen! Nun kannst Du das Knuspermüsli Deinen Gästen zusammen mit Milch oder Joghurt und frischen Früchten in schönen Schälchen servieren.

2. Das Öl und den Honig in einen kleinen Topf geben und bei mittlerer Hitze unter Rühren verschmelzen lassen.

3. Die Honigmischung über die Zutaten in der Rührschüssel gießen und mit dem Holzlöffel verrühren, bis der Honig alles bedeckt hat.

Pfannküchlein

Wetten, dass Timmy das Schäfchen sofort aufwacht, wenn er die Pfannküchlein in der Pfanne schnuppert.

Tipp vom Kochprofi:
Wenn Du einen Schluck Mineralwasser zum Teig hinzufügst, wird der Pfannkuchen besonders locker.

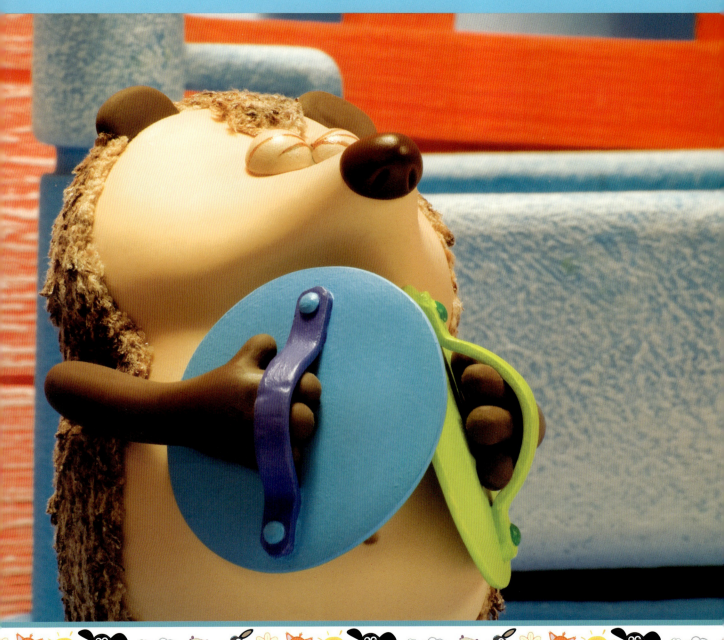

Ergibt:
16 Portionen

Zubereitungszeit:
10 Minuten

Kochzeit:
20 Minuten

Welche Note vergibst Du?

10 = bombastisch lecker
9 = superduperlecker
8 = superlecker
7 = sehr lecker
6 = lecker
5 = Mmmmmmm!
4 = gut
3 = ganz gut
2 = weniger gut
1 = mag ich nicht so gern

Pfann-küchlein

Zutaten

150 g	Mehl
2 EL	brauner Zucker
1	Ei, leicht geschlagen
175 ml	Milch
3 EL	Naturjoghurt
2 EL	Butter, zum Braten
275 g	gefrorene Früchte, aufgetaut
	Ahornsirup zum Servieren

Kochgeräte

- Siebe
- große Rührschüssel
- Holzlöffel
- Kanne
- große Pfanne
- Spachtelmesser

1.

Das Mehl in die Rührschüssel sieben. Den Zucker unterrühren und in die Mitte eine Mulde drücken. Das Ei und die Milch in einem Kännchen verrühren.

2.

Die Eiermilch unter das Mehl rühren. Den Joghurt mit einem Holzlöffel unterrühren, bis ein weicher Brei entsteht.

3.

Einen Esslöffel Butter in der Pfanne schmelzen. Dann 3 Löffel Backteig darin verteilen. Die Pfannküchlein sollten einen Durchmesser von 6 cm haben.

4.

Zwei Minuten backen lassen, bis kleine Bläschen zu sehen sind. Wenn die Unterseite braun ist, mit dem Spachtelmesser die Küchlein wenden und eine weitere Minute braten.

5.

Diesen Vorgang wiederholen und so insgesamt 16 Pfannküchlein backen. Dabei immer etwas Butter in die Pfanne geben, sobald sie aufgebraucht ist. Die Pfannküchlein mit einem großen Löffel Obst und Joghurt servieren. Alles mit Ahornsirup beträufeln, fertig.

Festtags-Frühstück

Kati weiß, woher der Name Spiegelei kommt. Man hat es wohl so genannt, weil man sich im Eigelb so schön spiegeln kann.

Tipp vom Kochprofi:
Wenn Du wissen möchtest, ob ein Ei frisch ist, dann hilft der Schwimmtest. Ein frisches Ei sinkt im Wasserglas nach unten, wogegen ein altes Ei oben schwimmt.

Ergibt:
4 Portionen

Zubereitungszeit:
15 Minuten

Kochzeit:
20 Minuten

Welche Note vergibst Du?

10 = bombastisch lecker
9 = superduperlecker
8 = superlecker
7 = sehr lecker
6 = lecker
5 = Mmmmmmm!
4 = gut
3 = ganz gut
2 = weniger gut
1 = mag ich nicht so gern

Festtags-Frühstück

Zutaten

450 g	große Kartoffeln, geschält
5	Eier, eines davon verquirlt
3 EL	Mehl
3 EL	Sonnenblumenöl
8	Scheiben Speck
6	kleine Tomaten, zum Servieren halbiert
	Salz und Pfeffer

Kochgeräte

- scharfes Messer
- Schneidebrett
- Reibe
- Rührschüssel
- große Bratpfanne
- Pfannenwender
- Küchenpapier
- kleine Schüssel

1.
🔸 Die Kartoffeln reiben und in einem Sieb abtropfen lassen. Dann in ein Küchenhandtuch einschlagen und das Wasser herausdrücken.

2.
🔸 Den Grill im Ofen auf mittlerer Hitze vorheizen. Die Kartoffeln in die Rührschüssel geben und mit dem verquirlten Ei und Mehl vermischen.

3.
🔸 2 EL Öl in einer Pfanne auf mittlerer Stufe erhitzen. Eine Handvoll Kartoffelbrei zu einem Bällchen formen. Es sollte einen Durchmesser von 7 cm haben.

4.
🔸 Immer 3 Bällchen in die Pfanne geben und von jeder Seite 5 Minuten braten. Vorsichtig herausnehmen und auf ein Küchenpapier legen. Den Vorgang wiederholen, bis der Teig aufgebraucht ist. Zwischendurch den Speck 8 Minuten knusprig im Ofen grillen. Dabei einmal wenden. Ebenso die Tomatenhälften ein paar Minuten grillen.

5.
🔸 Nach dem Backen der Pfannkuchen ein Ei in die Schüssel schlagen und in die Pfanne gleiten lassen. Das Gleiche mit den restlichen Eiern wiederholen und 5 Minuten backen lassen. Je ein Spiegelei mit Speck, Kartoffelpuffern und Tomaten servieren.

Timmy Burger

Tut, tuuut! Hier kommt der Timmy Burger. Den hat sich Timmy nach bestandener Fahrprüfung redlich verdient.

Tipp vom Kochprofi:
Mit einem Vollkornbrötchen schmeckt Dein Burger besonders gut und ist obendrein ein gesundes Pausenbrot.

Ergibt: 1 Portion

 Zubereitungszeit: 10 Minuten

 Ohne Kochen!

Welche Note vergibst Du?

10 = bombastisch lecker
9 = superduperlecker
8 = superlecker
7 = sehr lecker
6 = lecker
5 = Mmmmmm!
4 = gut
3 = ganz gut
2 = weniger gut
1 = mag ich nicht so gern

Timmy Burger

Zutaten

- 1 großes Brötchen
- 1 EL Mayonnaise
- 1 TL grüne Pestosauce
- 2 Scheiben Fleisch- oder Geflügelwurst
- 2 frische Salatblätter
- 30 g Käse, in Scheiben geschnitten
- 4 dünne, runde Gurkenscheiben

Kochgeräte

- scharfes Messer
- Schneidebrett
- Löffel
- Schüssel
- Frischhaltefolie

1. Das Brötchen in der Mitte durchschneiden und mit einem Löffel den weichen Innenteil herausholen.

4. Wenn Du möchtest, kannst Du jetzt noch eine zusätzliche Scheibe Wurst auflegen. Den Abschluss bilden eine Scheibe Käse und Gurkenscheiben.

5. Senf nicht vergessen! Den Brötchendeckel auflegen und vorsichtig auf den Turm drücken. Guten Appetit, wenn Du Deinen Burger gleich essen möchtest. In Frischhaltefolie verpackt, hält er sich auch ein paar Stunden lang im Kühlschrank.

2. Die Mayonnaise mit dem Pesto in einer kleinen Schüssel vermischen. Beide Brötchenhälften damit bestreichen.

3. Eine Scheibe Fleisch- oder Geflügelwurst auf die untere Brötchenhälfte legen und mit Salatblättern bedecken.

Popcorn-Party

Timmy trommelt zur Popcorn- Party. Wer wissen möchte, wie das Popcorn in die Schüssel poppt, braucht nur umzublättern.

Tipp vom Kochprofi:
Zur Herstellung von Popcorn ist eine spezielle Maissorte geeignet. Sie nennt sich Puffmais und man kann sie im Lebensmittelgeschäft kaufen.

Popcorn-Party

 Ergibt: 4 Portionen

 Zubereitungszeit: 10 Minuten

 Kochzeit: 5 Minuten

Welche Note vergibst Du?

- 10 = bombastisch lecker
- 9 = superduperlecker
- 8 = superlecker
- 7 = sehr lecker
- 6 = lecker
- 5 = Mmmmmmm!
- 4 = gut
- 3 = ganz gut
- 2 = weniger gut
- 1 = mag ich nicht so gern

Zutaten

- 1–2 EL Pflanzenöl
- 75 g Maiskörner
- 1 EL Butter
- 3 EL Ahornsirup
- 1 EL Sesamkörner

Kochgeräte

- mittelgroßer Kochtopf mit Deckel
- große Rührschüssel
- kleiner Kochtopf
- Holzlöffel

1.

🐾 Das Öl in den großen Topf mit Deckel gießen, bis es den Boden bedeckt. Dann auf mittlerer Stufe erhitzen.

2.

🐾 Vorsichtig die Maiskörner in den Topf rieseln lassen und dabei gleichmäßig verteilen. Den Deckel auflegen. Bei einem Glasdeckel kannst Du alles gut beobachten.

3.

🐾 Die Maiskörner bei mittlerer Hitze kochen und den Kochtopf ab und an vorsichtig schütteln, damit sich alles gut verteilt und alle Maiskörner aufpoppen.

4.

🐾 Schütte das Popcorn in eine große Schüssel. Jetzt kannst Du die nicht aufgeplatzten Maiskörner aussortieren.

5.

🐾 Butter in einem kleinen Topf schmelzen und den Ahornsirup hinzugießen. Zum Kochen bringen und vom Herd ziehen. Abkühlen lassen! Gieße die Ahornsirupsauce über Dein Popcorn und bestreue es mit Sesam. Alles gut durchmischen und dann: guten Appetit!

Zimttoast mit Rosinenzauber

„Hocuspokus Fidibus, her mit dem Zimttoast-Hochgenuss!" Ob Streifi seine Rassel für einen Zauberstab hält?

Tipp vom Kochprofi:
Benutze zum Wenden in der Pfanne stets einen Pfannenwender. Die Schlitze in der Platte verhindern, dass beim Umdrehen heißes Fett verspritzt wird.

Ergibt: 4 Portionen

 Zubereitungszeit: 5 Minuten

 Kochzeit: 10 Minuten

Welche Note vergibst Du?

- 10 = bombastisch lecker
- 9 = superduperlecker
- 8 = superlecker
- 7 = sehr lecker
- 6 = lecker
- 5 = Mmmmmmm!
- 4 = gut
- 3 = ganz gut
- 2 = weniger gut
- 1 = mag ich nicht so gern

Zimttoast mit Rosinenzauber

Zutaten

- 3 große Eier
- 8 EL Milch
- 1 TL Zimtpulver
- 2 EL brauner Zucker
- 1 EL Sonnenblumenöl
- 20 g Butter
- 4 Scheiben Rosinenbrot

Kochgeräte

- flache Auflaufform
- Gabel oder Schneebesen
- Pfannenwender
- große Bratpfanne

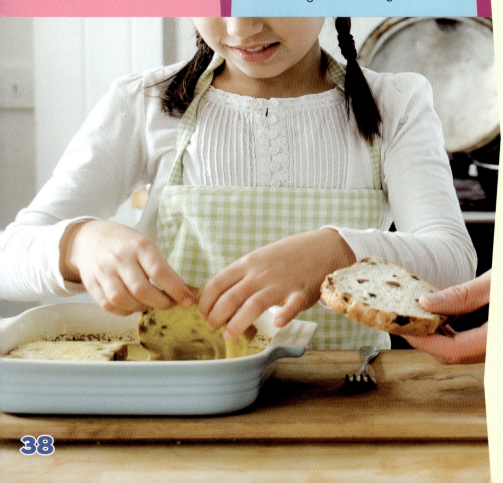

1.

Die Eier über der Auflaufform aufschlagen und die Milch dazurühren. Mit der Gabel oder dem Schneebesen leicht verquirlen, bis sich alles vermischt hat.

2.

Nun die Hälfte des Zimts und des braunen Zuckers unter die Eimasse rühren. Dazu den Schneebesen oder die Gabel benutzen.

3.

Die Hälfte des Öls und der Butter in eine große Pfanne geben. Auf mittlere Hitze schalten und die Butter schmelzen lassen. Die Pfanne schwenken, so dass sich die Butter und das Öl gut verteilen.

4.

Das Rosinenbrot in die Eiermischung tunken, so dass beide Seiten bedeckt sind. Jeweils 2 Scheiben 2 Minuten in der Pfanne braten, bis sie goldbraun sind. Warmhalten!

Das restliche Öl und die restliche Butter erhitzen und die übrigen Rosinenscheiben darin braten. Übriggebliebenen Zimt und Zucker zusammenmischen und über das Brot streuen. Warm servieren!

5.

Tolle Teigtaschen

Timmy mag seine blaue Kindergartentasche. Aber Teigtaschen sind ihm noch viel lieber.

Tipp vom Kochprofi:
Wenn Du geschickt bist, kannst Du aus Weizentortillas wahre Kunstwerke formen. Kunstvolle Körbchen, Rollen in allen Größen oder tolle Tüten.

Ergibt: 2 Portionen

 Zubereitungszeit: 5 Minuten

 Kochzeit: 4 Minuten

Welche Note vergibst Du?

10 = bombastisch lecker
9 = superduperlecker
8 = superlecker
7 = sehr lecker
6 = lecker
5 = Mmmmmmm!
4 = gut
3 = ganz gut
2 = weniger gut
1 = mag ich nicht so gern

Tolle Teigtaschen

Zutaten

6 TL	Thunfisch aus der Dose, ohne Flüssigkeit
2	Weizentortillas
2	kleine Tomaten
8	Scheiben Mozzarella
2 TL	Sonnenblumenöl
	Salz und Pfeffer

Kochgeräte

- kleine Schüssel
- Gabel
- scharfes Messer
- Teelöffel
- Schneidebrett
- Bratpfanne
- Pfannenwender

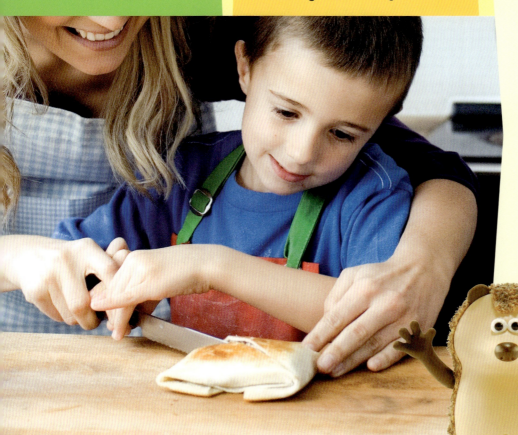

1. Den Thunfisch in eine Schüssel geben und mit der Gabel zerkleinern. Dann den Fisch in der Mitte der Tortillas verteilen.

4. Die obere und untere Teigrundung über die Füllung klappen und dann das linke und rechte Ende zu einem Päckchen falten.

5. Das Öl in der Pfanne erhitzen und die Teigtaschen darin braten. Zunächst mit der gefalteten Seite nach unten.

Die Tortillas 4 Minuten bei mittlerer bis geringer Hitze goldbraun braten, dabei einmal vorsichtig wenden. Vor dem Servieren diagonal durchschneiden.

2. Die Tomaten teilen und mit dem Teelöffel die Kerne herausholen. Das Fruchtfleisch in kleine Stückchen schneiden.

3. Die Tomatenstücke auf dem Thunfisch verteilen und mit Mozzarellascheiben belegen. Die Füllung mit Salz und Pfeffer würzen.

Kürbissuppe

Zu Halloween wird Timmy zum Suppenkasper. Erst bastelt er einen leuchtenden Kürbiskopf und dann gibt es leckere Kürbissuppe.

Tipp vom Kochprofi:
Falls Deine Kürbissuppe zu dickflüssig wird, kannst Du sie mit Gemüsebrühe strecken. Ist sie dagegen zu dünn, hilft ein Stückchen Butter vermengt mit der gleichen Menge Mehl. Einrühren und weitere 15 Minuten kochen.

Ergibt:
4 Portionen

Zubereitungszeit:
15 Minuten

Kochzeit:
30 Minuten

Welche Note vergibst Du?

10 = bombastisch lecker
9 = superduperlecker
8 = superlecker
7 = sehr lecker
6 = lecker
5 = Mmmmmmm!
4 = gut
3 = ganz gut
2 = weniger gut
1 = mag ich nicht so gern

Kürbis-suppe

Zutaten

1 kg	Hokkaidokürbis
1 EL	Olivenöl
1	große Zwiebel, geschält
1	Stange Staudensellerie
1	Lauchstange
1	lange Möhre
1,2 l	Gemüsebrühe
2	Lorbeerblätter
1 TL	getrockneten Thymian und andere getrocknete Kräuter wie Majoran, Salbei und Rosmarin

Salz und Pfeffer
geriebener Käse
Baguette zum Servieren

Kochgeräte

- scharfes Messer
- Schneidebrett
- großer Kochtopf mit Deckel
- Löffel
- Pürierstab
- Schöpfkelle
- Reibe

1.

Zunächst muss der Kürbis von einem Erwachsenen halbiert werden. Dann kannst Du die Kerne herauslöffeln. Danach soll er in kleine Stücke geschnitten werden. Zwiebeln, Sellerie, Lauch und die Möhre kleinschneiden.

2.

Das Öl in einem Topf erhitzen und die Zwiebeln 5 Minuten darin braten. Dann fügst Du Kürbis, Sellerie, Lauch und Möhren hinzu. Gut verrühren.

3.

Das Gemüse 3 Minuten kochen lassen und dabei den Deckel auflegen. Mit der Gemüsebrühe auffüllen. Die Lorbeerblätter, den Thymian und alle anderen Kräuter dazugeben.

4.

Die Suppe zum Kochen bringen, dann die Temperatur herunterschalten und nur noch simmern lassen. Nach 20 Minuten ist das Gemüse weich.

5.

Den Topf vom Herd nehmen und mit dem Pürierstab das Gemüse zerkleinern, bis Du einen Brei hast. Mit Salz und Pfeffer würzen. Die Suppe in die Suppenschälchen füllen und mit geriebenem Käse bestreuen. Dazu gibt es knuspriges Baguette.

Leckere Lachsbällchen

Über seine Lachsbällchen wacht Timmy wie über einen kostbaren Schatz mit goldenen Kugeln.

Tipp vom Kochprofi:
Die Lachsmasse löst sich ganz leicht vom Löffel, wenn Du den Löffel anfeuchtest, bevor Du damit von der Lachsmasse eine Portion abnimmst.

Ergibt:
4 Portionen

Zubereitungszeit:
20 Minuten

Kochzeit:
25 Minuten

Welche Note vergibst Du?

10 = bombastisch lecker
9 = superduperlecker
8 = superlecker
7 = sehr lecker
6 = lecker
5 = Mmmmmm!
4 = gut
3 = ganz gut
2 = weniger gut
1 = mag ich nicht so gern

Leckere Lachsbällche

Zutaten

450 g Lachs in der Dose, ohne Haut und Gräten
630 g Kartoffeln, geschält, gekocht und abgekühlt
1 kleines Ei, verquirlt
Mehl zum Wenden
3 EL Sonnenblumenöl
Salz und Pfeffer
Zitronenscheiben zum Servieren

Sauce zum Dippen:

4 TL Mayonnaise
2 TL Tatarsauce
2 TL Olivenöl
1 TL frisch gepresster Zitronensaft

Kochgeräte

- große Rührschüssel
- Reibe
- Löffel
- großer Teller
- große Bratpfanne
- Pfannenwender
- kleine Schüssel

1. Die Lachsdose von einem Erwachsenen öffnen lassen und den Lachs in die Rührschüssel geben. Mit den Fingern zerrupfen.

2. Die Kartoffeln dazureiben, das Ei unterrühren und mit Salz und Pfeffer würzen. Die Schüssel abdecken und 30 Minuten lang in den Kühlschrank stellen.

3. Mehl auf einen Teller geben. Nun löffelst Du aus der Lachsmasse eine golfballgroße Menge.

4. Mit bemehlten Händen formst Du daraus 16 Bällchen. Jedes Bällchen im Mehl wälzen, bis es ganz bedeckt ist.

5. Das Öl in einer Pfanne erhitzen und die Hälfte der Bällchen darin 10 Minuten goldbraun braten. Danach die zweite Portion braten. Die Bällchen auf einem Küchenpapier abkühlen lassen. Die Zutaten für die Sauce mischen und mit den Lachsbällchen und Zitronenvierteln servieren.

Hähnchenspieß mit Nudeln

Timmy und seine Freunde können es kaum erwarten. Eduard kocht gerade ihr Lieblingsgericht.

Tipp vom Kochprofi:
Außer den bekannten Spaghetti aus Hartweizengrieß gibt es noch die sehr gesunden aus Dinkel oder Vollkorn.

Ergibt:
4 Portionen

Zubereitungszeit:
20 Minuten +
Zeit zum Marinieren

Kochzeit:
15 Minuten

Welche Note vergibst Du?

10 = bombastisch lecker
9 = superduperlecker
8 = superlecker
7 = sehr lecker
6 = lecker
5 = Mmmmmmm!
4 = gut
3 = ganz gut
2 = weniger gut
1 = mag ich nicht so gern

Hähnchenspieß mit Nudeln

Zutaten

600 g	Hähnchenbrust
250 g	Spaghetti
2	Frühlingszwiebeln, feingehackt
1 TL	Sesamkörner

Marinade:

4 EL	Sojasauce
2 EL	Sesamöl
2 EL	flüssiger Honig
1 Stück	Ingwer (ca. 5 cm groß)
2	Knoblauchzehen

Kochgeräte

- flache Auflaufform
- scharfes Messer
- Schneidebrett
- großer Löffel
- tiefer Teller
- Frischhaltefolie
- Aluminiumfolie
- Holzspieße, in Wasser eingelegt
- kleiner und mittlerer Kochtopf
- Sieb

1.

Ingwer und Knoblauchzehen schälen und in Scheiben schneiden. Mit den restlichen Zutaten für die Marinade in einer flachen Auflaufform mischen. Dann das Hähnchenfleisch in 1 cm große Stückchen schneiden und in der Marinade wenden, bis es bedeckt ist.

2.

Danach mit Frischhaltefolie abdecken. Wenn Du das Hähnchen für 30 Minuten in den Kühlschrank stellst, kann es das Aroma besser annehmen.

3.

Die Pfanne anheizen. Die Hähnchenstücke auf vier Spieße verteilt stecken.

4.

Die Hähnchenspieße in der Pfanne 4 Minuten braten, dabei mit Marinade übergießen. Dann die Spieße wenden und noch einmal mit Marinade übergießen. Weitere 4 Minuten braten.

5.

Die Nudeln nach Packungsanleitung kochen. Die Marinade durch ein Sieb gießen und in einem kleinen Topf unter Rühren einkochen lassen. Zum Servieren die Nudeln und die Spieße auf den Tellern anrichten. Die Marinade über die Nudeln gießen und mit feingehackten Frühlingszwiebeln und Sesamkörnern bestreuen.

Fleischbällchen mit Spaghetti

Post aus Italien!
Dieses Rezept hat Timmy von seinem italienischen Brieffreund Toni Tomato bekommen.

Tipp vom Kochprofi:
Nudeln immer ohne Deckel auf dem Topf kochen, weil das Wasser sonst sehr schnell überkocht.

Ergibt:
4 Portionen

Zubereitungszeit:
20 Minuten

Kochzeit:
30 Minuten

Welche Note vergibst Du?

10 = bombastisch lecker
9 = superduperlecker
8 = superlecker
7 = sehr lecker
6 = lecker
5 = Mmmmmmm!
4 = gut
3 = ganz gut
2 = weniger gut
1 = mag ich nicht so gern

Fleischbällchen mit Spaghetti

Zutaten

45 g trockenes Weißbrot, in Stückchen zerbröselt
400 g Rindergehacktes
2 Knoblauchzehen
1 großes Ei, leicht verquirlt
40 g geriebener Parmesankäs
   Mehl zum Wenden
300 g Spaghetti
   Salz und Pfeffer

Tomatensauce:

2 EL Olivenöl
2 Knoblauchzehen, gepres
2 TL getrockneter Oregano
2 Dosen gehackte Tomaten (je 400 g)
1 EL Tomatenmark
1 TL Zucker

Kochgeräte

- Mixer
- 2 große Töpfe, einer mit Deckel
- großer Löffel
- Küchensieb

1.  Das Brot im Mixer zu Paniermehl zerkleinern. Das Gehackte, Knoblauch, Ei, Parmesankäse, Salz und Pfeffer dazutun.

2.  So lange mixen, bis sich eine Kugel formt. Die Masse herausnehmen und daraus mit angefeuchteten oder mit Mehl bepuderten Händen walnussgroße Bällchen formen.

3.  Die Bällchen in den Kühlschrank stellen und die Tomatensauce anrühren. Dazu das Öl im Topf erhitzen und Knoblauch und Oregano eine Minute lang andünsten.

4.  Tomaten, Tomatenmark und Zucker zugeben. Kurz aufkochen lassen und dann die Hitze zurückschalten. 8 Minuten köcheln lassen.

5.  Vorsichtig die Hackfleischbällchen in die Pfanne legen und mit Sauce bedecken. Zugedeckt 20 Minuten weiter köcheln lassen. Dabei die Bällchen wenden. Die Nudeln in einem großen Topf mit gesalzenem Wasser nach Anleitung kochen. Die Nudeln über ein Sieb abschütten und zusammen mit den Hackfleischbällchen servieren.

Gruß aus Mexiko

Timmy ist außer Rand und Band und isst die Schüssel gleich mit. Danach ist Siesta angesagt.

Tipp vom Kochprofi:
Beim Dünsten verdampft nicht so viel Flüssigkeit, weil der Topf geschlossen bleibt. Dabei entfaltet sich das Aroma besonders gut.

Ergibt: 4 Portionen

 Zubereitungszeit: 15 Minuten

 Kochzeit: 35 Minuten

Welche Note vergibst Du?

10 = bombastisch lecker
9 = superduperlecker
8 = superlecker
7 = sehr lecker
6 = lecker
5 = Mmmmmm!
4 = gut
3 = ganz gut
2 = weniger gut
1 = mag ich nicht so gern

Gruß aus Mexiko

Zutaten

- 2 EL Olivenöl und Öl zum Bepinseln
- 2 Zwiebeln, feingewürfelt
- 2 Knoblauchzehen, zerdrückt
- 1 lange rote Chilischote, ohne Kerne, gewürfelt
- 2 Zucchini, gewürfelt
- 3 TL Kreuzkümmel, gemahlen
- 1/2 TL Zimt
- 2 TL Korianderpulver
- 2 Dosen Kidneybohnen (je 400 g), abgegossen
- 2 Dosen Tomatenstückchen (je 400 g)
- 2 EL Tomatenketchup
- 4 große, weiche Tortillas
- Salz und Pfeffer

Kochgeräte

- scharfes Messer
- Schneidebrett
- großer Topf mit Deckel
- Backpinsel
- 4 hitzebeständige Schüsseln
- Backblech

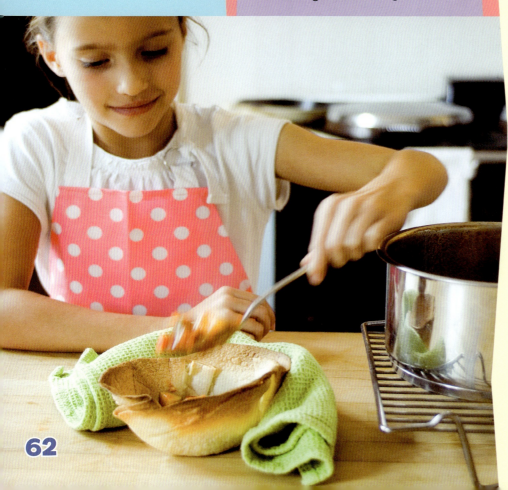

1. Den Ofen auf 180 Grad (Gas Stufe 4) vorheizen. Das Öl im Topf erhitzen und die Zwiebeln andünsten. Umrühren, um sie mit Öl zu bedecken.

2. Die Zwiebeln 8 Minuten bei geschlossenem Deckel dünsten, dabei öfter umrühren. Knoblauch, Chilischote und Zucchini dazugeben.

3. Die Gewürze und die abgespülten Bohnen hinzutun. Danach auch die Tomaten und den Ketchup. Zum Kochen bringen und dann die Herdplatte herunterschalten.

4. Den Deckel schräg auf den Topf setzen und 20 Minuten simmern lassen. Ab und zu umrühren. Mit Salz und Pfeffer würzen.

5. Die Tortillas von beiden Seiten leicht mit Öl bepinseln. Die Schüsselchen mit je einem mexikanischen Teigfladen auslegen und so ein Körbchen formen. Stelle die hitzebeständigen Formen auf ein Backblech und lasse sie 9 Minuten im Ofen backen. Nach dem Abkühlen die Körbchen vorsichtig aus der Schüssel lösen und mit den Bohnen füllen.

Jules Erdbeertraum

Jule hat von Timmy eine Einladung zum Essen bekommen. Hoffentlich ist die Karte auch wasserfest.

Tipp vom Kochprofi:
Erdbeeren solltest Du vorsichtig in einer Schüssel mit kaltem Wasser waschen und danach gründlich abtropfen lassen.

Ergibt:
4 Portionen

Zubereitungszeit:
15 Minuten

Ohne Kochen!

Welche Note vergibst Du?

10 = bombastisch lecker
9 = superduperlecker
8 = superlecker
7 = sehr lecker
6 = lecker
5 = Mmmmmmm!
4 = gut
3 = ganz gut
2 = weniger gut
1 = mag ich nicht so gern

Jules Erdbeertraum

Zutaten

450 g	Erdbeeren, waschen, grüne Blätter entfernen und vierteln
3 EL	Puderzucker
350 ml	Schlagsahne
2 TL	Vanillezucker
4	Scheiben Schokoladenkuchen oder Brownies

Kochgeräte

- elektrischer Mixer
- Sieb
- Löffel
- kleine und große Rührschüssel
- Schneebesen oder elektrischer Handrührer
- Holzlöffel

1.

🧒 Fülle 200 g Erdbeeren in den Mixer, um sie zu Püree zu verarbeiten. Dann die Erdbeermasse mit dem Löffel durch ein Sieb streichen, um die Kerne zu entfernen.

2.

Den Rest der Erdbeeren in die Rührschüssel geben und mit einem EL Puderzucker bestreuen. Umrühren und zur Seite stellen.

3.

🧒 Die Sahne, den Rest vom Puderzucker und den Vanillezucker in die Rührschüssel geben. Mit dem Schneebesen oder elektrischen Handrührer leicht anschlagen.

4.

Den Schokoladenkuchen oder die Brownies in große Stückchen brechen und in die Erdbeercreme geben.

5.

Mit dem Holzlöffel den Kuchen und das Erdbeerpüree zu der leicht angeschlagenen Sahne rühren, bis ein rot-weißes Muster entsteht. Mit dem Löffel die Erdbeercreme in 4 Eisbecher oder kleine Schüsseln füllen. Mit den übrigen Erdbeeren dekorieren.

Turm aus Eis

Raupi träumt am Strand von einem Eis. Eisdoktor Timmy verschreibt ihm ein leckeres Rezept.

Tipp vom Kochprofi:
Das Eis lässt sich leichter aus der Packung herauslöffeln, wenn Du den Eislöffel vorher in eine Schüssel mit heißem Wasser tauchst.

Ergibt:
3 Portionen

 Zubereitungszeit:
15 Minuten

 Kochzeit:
10 Minuten

Welche Note vergibst Du?

10 = bombastisch lecker
9 = superduperlecker
8 = superlecker
7 = sehr lecker
6 = lecker
5 = Mmmmmmm!
4 = gut
3 = ganz gut
2 = weniger gut
1 = mag ich nicht so gern

Turm aus Eis

Zutaten

140 g	Ahornsirup
2 EL	Zucker
2 EL	brauner Zucker
40 g	Butter, in Würfel geschnitten
5 EL	Crème double
12	Pekannüsse, halbiert
3	große Bananen, geschält und in Scheiben geschnitten
9	Kugeln Milcheis

Kochgeräte

- kleiner Kochtopf
- Holzlöffel
- Bratpfanne
- Eislöffel

1.

🦝 Sirup, weißen und braunen Zucker sowie die Butter in einen kleinen Topf geben. Umrühren und dabei zum Kochen bringen.

3.

🦝 Den Sirup im Topf etwas abkühlen lassen. Mit Crème double zu einer Karamellsauce mischen.

4.

🦝 Die Pekannüsse in eine ungefettete Pfanne geben und 3 Minuten erhitzen, bis sie leicht angeröstet sind. Zur Seite stellen und abkühlen lassen.

2.

🦝 Die Sirupmischung 5 Minuten köcheln lassen, damit sie eindickt. Vorsichtig rühren.

5.

Zwei Drittel der Bananen auf 3 hübsche Teller oder in Schüsseln verteilen. Je 2 Eiskugeln dazugeben und ein paar Nüsse. Mit etwas Karamellsauce übergießen. Dann noch eine Eiskugel, Nüsse und Bananen oben draufsetzen und noch einmal mit Sauce übergießen.

Apfel-törtchen

Kits Apfeltörtchen hat ein K und Timmys ein T. Welchen Buchstaben trägt Dein Apfeltörtchen?

Tipp vom Kochprofi:
Bevor Du den Teig ausrollst, solltest Du das Nudelholz und die Arbeitsplatte mit Mehl bestäuben. So bleibt der Teig nicht kleben.

Ergibt:
4 Portionen

Zubereitungszeit:
20 Minuten

Kochzeit:
30–35 Minuten

Welche Note vergibst Du?

10 = bombastisch lecker
9 = superduperlecker
8 = superlecker
7 = sehr lecker
6 = lecker
5 = Mmmmmm!
4 = gut
3 = ganz gut
2 = weniger gut
1 = mag ich nicht so gern

Apfel-törtchen

Zutaten

225 g	Mehl
1	Prise Salz
2 EL	Puderzucker
120 g	kalte Butter, in kleine Würfel geschnitten
1	Ei
1–2 EL	kaltes Wasser

Füllung

675 g	Äpfel, geschält, halbiert, entkernt und in dünne Scheiben geschnitten
2 EL	Orangensaft
1 TL	Zimt
3 EL	Zucker

Kochgeräte

- große Rührschüssel
- 4 kleine hitzebeständige Schüsse
- Nudelholz
- Backblech
- scharfes Messer
- Frischhaltefolie

1.

Mehl, Puderzucker und Salz in eine Rührschüssel sieben. Die Butter dazugeben und mit den Fingerspitzen den Teig kneten, bis er krümelig ist.

2.

Dann das Eigelb und das Wasser hinzugeben. Die Teigmasse zu einem Ball kneten.

3.

Den Teig in Frischhaltefolie wickeln und 30 Minuten in den Kühlschrank legen. Die Äpfel mit Zimt, Orangensaft und Zucker mischen.

4.

Den Ofen auf 200° C oder Gas Stufe 6 vorheizen. Die Äpfel auf die 4 hitzebeständigen Förmchen verteilen. Den Rand der Förmchen anfeuchten.

5.

Den Teig ausrollen und 4 Kreise ausschneiden. Groß genug, um die Förmchen damit abzudecken. Überstehende Teigränder abschneiden und mit der Gabel den Teig am Rand eindrücken. Teig mit Eiweiß bepinseln und ein Loch einstechen. Den übrigen Teig noch einmal ausrollen und daraus die Anfangsbuchstaben Deiner Gäste formen. Auf den Deckel legen und mit Eiweiß bestreichen. 30–35 Minuten goldbraun backen.

Pralinen-Muffins

Nicht jeder kann wie Timmy einen Muffin einfach aus dem Hut zaubern. Aber zum Glück gibt es tolle Rezepte zum Backen.

Tipp vom Kochprofi:
Profis formen Schokoladenkugeln mit zwei Löffeln. Dabei wandert die Kugel zwischen den Löffeln hin und her, bis sie rund geformt ist.

Ergibt:
5 Portionen

Zubereitungszeit:
25 Minuten
plus Kühlen

Kochzeit:
5 Minuten

Welche Note vergibst Du?

10 = bombastisch lecker
9 = superduperlecker
8 = superlecker
7 = sehr lecker
6 = lecker
5 = Mmmmmm!
4 = gut
3 = ganz gut
2 = weniger gut
1 = mag ich nicht so gern

Pralinen-Muffins

Zutaten

- 300 g Vollmilchschokolade
- 100 ml Crème double
- 1 TL Vanillezucker
- 1 EL Puderzucker
- 20 g Butter

Verzierung
Jede Menge Zuckerperlen in verschiedenen Formen und hübsche Blumen aus Feinzucker. Was immer Dir gefällt!

Kochgeräte
- hitzebeständige Rührschüssel
- mittelgroßer Topf
- Holzlöffel
- Teelöffel
- Topflappen
- kleine Mini-Muffin-Förmchen aus Papier

1.

Die Schokolade in kleine Stückchen brechen und zusammen mit der Crème double in die hitzebeständige Rührschüssel geben.

2.

Den kleinen Topf 2,5 cm hoch mit Wasser füllen und die Schüssel hineinstellen. Achte darauf, dass die Schüssel auf dem Topfrand aufliegt und mit dem Wasser nicht in Berührung kommt.

3.

Das Wasser erhitzen, aber nicht kochen lassen. Die Schokolade langsam schmelzen lassen und mit der Crème double verrühren.

4.

Mit den Topflappen die Schüssel aus dem Topf heben und ein wenig abkühlen lassen. Nun die Butter und den Vanille- und Puderzucker unter die Schokolade rühren, bis sich alles vermischt hat.

5.

Eine Portion Schokolade mit dem Löffel abnehmen und zu einer Kugel formen. Die Menge reicht für ungefähr 5 Kugeln. Nun kannst Du die Schokobällchen über die Zuckerperlen oder eine andere Verzierung rollen, bis sie damit ganz überzogen sind. Jedes Bällchen in eine andere Papierform legen – fertig!

Nützliche Koch- und Backtipps

Eier trennen

Schlage das Ei über einer Schüssel oder einem tiefen Teller auf. Dann ein passendes rundes Gefäß über das Eigelb stülpen und das Eiweiß in eine zweite Schüssel gießen.

Eiweiß steif schlagen

Sahne oder Eiweiß lassen sich am einfachsten in einem hohen Gefäß mit dem elektrischen Handrührer steif schlagen. Gefäß und Rührer sollten absolut fettfrei sein. Das Steifschlagen dauert immer ein paar Minuten. Du kannst zwischendurch den Rührer ausschalten und prüfen, ob die Masse steif ist. Wenn sich ein Messerschnitt im Eiweiß abzeichnet, ist es steif genug. Mit dem Schneebesen dauert das Schlagen etwas länger. Wichtig ist auch, dass kein Eigelb mehr im Eiweiß zu sehen ist.

Eiweiß unterheben

Den Eischnee immer vorsichtig unterheben und nicht rühren. Wenn er mit fetthaltigen Zutaten in Berührung kommt, würde der Eischnee sonst leicht zusammenfallen.

Nudeln kochen

Die Nudeln in einen großen Topf mit reichlich kochendem Salzwasser geben. Auf der Packung findest Du die genaue Anleitung und auch die Kochzeit, die Deine Nudeln zum Garen benötigen.

Käse reiben

Den Käse auf der Reibfläche hoch- und runterschieben. Dabei gut auf die Finger aufpassen, damit sie nicht mit der Reibe in Berührung kommen. Wenn Du den Käse vorher 15 Minuten ins Gefrierfach legst, lässt er sich leichter reiben.

Verschiedene Gararten

Kochen

Beim Kochen ist die Flüssigkeit heißer als 100° Celsius. Das Wasser wirft Blasen und sprudelt.

Simmern

Simmern ist nicht ganz so heiß wie Kochen. Beim Simmern ist das Garen ganz knapp unter dem Kochen gemeint, etwa bei 95° Celsius.

Köcheln

Köcheln bedeutet, dass eine Flüssigkeit wie zum Beispiel Wasser nur ganz leicht brodelt.

Dünsten

Dünsten ist Garen mit sehr wenig Flüssigkeit, die Du nur köcheln lässt. Beispielsweise in der Pfanne oder im zugedeckten Topf.